EDWIN

LA

(RUZ...

ESPERANZA
PARA LA
HUMANIDAD

21 meditaciones inspiradas en el poder transformador de la Cruz.
¡Cristo Venció! ¡La Cruz lo cambió todo!

ÍNDICE

Agradecimientos   07

Prólogo: 09
Rvdo. Edwin Rivera Lanzó

Introducción   13

Meditación 1:   17
700 años antes

Meditación 2:   21
Creo que se nos olvida

Meditación 3:   25
¿Por qué Cristo tenía que morir?

Meditación 4:   29
¡No olvides la Cruz!

Meditación 5:   33
Del dolor a la esperanza

Meditación 6:   35
Kénosis: Se despojó a si mismo

Meditación 7:   39
Tomó forma de siervo

Meditación 8:   41
¿Qué sostuvo a Jesús en la Cruz?

Meditación 9:   45
¡Perdónalos, porque
no saben lo que hacen!

Meditación 10:   49
Hoy estarás conmigo en el paraíso

Meditación 11:   53
¿Por qué me has abandonado?

Meditación 12:   57
Oración y Cruz

Meditación 13:   61
¡Consumado es!

Meditación 14:   65
Agua y Sangre

Meditación 15:   69
¡Se abrieron las tumbas!

Meditación 16:   73
Verdaderamente este era
el Hijo de Dios

Meditación 17:   77
¡Resucitó!

Meditación 18:   81
¡Cuán Preciosa es Su Sangre!

Meditación 19:   85
Como inmolado

Meditación 20:   89
¿Quiere hallar la respuesta?

Meditación 21:   93
Cielo nuevo y tierra nueva

Conclusión   97

Epílogo: 101
¡Yo Creo en Ti!

Anejos: 103
Modelo Devocional de
Lectura Semana Santa

Modelo Devocional de Lectura
Ayuno de Daniel o de 21 días

Bibliografía   109

AGRADECIMIENTOS

En primer lugar, a Dios, a quien debemos todo lo que somos y lo que hemos podido alcanzar. Por haber enviado a su Hijo Jesucristo, para ofrecer su vida en la Cruz, sencillamente por amor.

A mi querida esposa la Dra. Joanic Santos, el viento bajo mis alas y compañera de caminos en esta jornada ministerial.

A mi padre, Don Edwin Rivera Lanzó, por ser junto a mi madre Doña Ibis Manso Rivera, un modelo extraordinario a seguir. Si tuviese que escoger un hombre sobre la faz de la tierra que fuese como Jesús, sin duda te escogería a ti. Agradecido por regalarme el prólogo de este devocional.

A Nueva Vida 97.7fm y su presidente el Sr. Juan Carlos Matos, pues en el 2012 puso a disposición de este servidor sus medios radiales para la transmisión del especial de Viernes Santo: *"La Cruz... Esperanza para la Humanidad"*, donde parte de estas reflexiones tuvieron su inicio.

A las Iglesias que en los pasados 6 años nos han invitado en calidad de predicador de las Buenas Nuevas de Jesús durante sus campañas de Semana Santa. Agradecido a los Apóstoles Rafael y Loyda Osorio, mis padres espirituales y pastores de la Iglesia Apostólica Renovación de Río

Grande (en donde tengo el privilegio de pertenecer y servir) y supervisores de Cross Over Church en Sprinfield Massachusetts. A la Rvda. Carmen Cecilia Adames Vázquez, Pastora General de la Primera Iglesia Bautista de Carolina, quien nos confió la primera oportunidad como pastor asociado en el ministerio de la juventud. A la Rvda. Aurea Llanos, Pastora General de la Iglesia de Dios de San Antón en Carolina y al Pastor Abilio Rivera de la Iglesia Centro Ebenezer de Carolina.

Al equipo ministerial del Instituto de Transformación Integral ALAS, por apoyarnos en la tarea de impulsar la vida de tantos creyentes #AOtroNivel.

Finalmente, a mi amigo y hermano Gabriel Rodríguez quien ha diseñado con tanto esmero las portadas e imágenes de todos los proyectos de nuestro ministerio. Agradezco tu excelencia y como puedes llevar a visuales, lo que arde en mi corazón.

PRÓLOGO

El día de ayer, martes 17 de marzo de 2020, recibí una llamada telefónica de mi hijo, Edwin Rivera Manso, para pedirme que le escribiera un prólogo para su libro de meditaciones, el cual tituló: *La Cruz… Esperanza para la Humanidad*. Luego de haber dialogado al respecto y haber culminado la llamada, no puedo negar que me sentí muy emocionado, y acá entre nosotros, también me sentí un poco intimidado, ya que nunca he escrito un prólogo. Pedí a Dios que me ayudara a realizar esta encomienda con la mayor objetividad y sabiduría, debido al vínculo que nos une. Esto debido a que soy un padre escribiendo un prólogo para un libro escrito por su hijo.

Hace varios años atrás, la Iglesia de los Santos de los Últimos Días o los Mormones, crearon un anuncio comercial televisivo que me impactó y ha quedado grabado en mi mente. En el anuncio aparece un hombre haciendo los preparativos para lo que parece que será una parrillada familiar en el patio de la casa. Hay una mesa sobre la cual está la comida que se va a cocinar, la bebida y otras golosinas. Al lado de la mesa hay un niño como de unos tres o cuatro años, a quien el hombre, que es su papá, está de espaldas mientras preparaba la barbacoa.

En ese preciso momento el perro de la familia, un enorme pastor alemán, pone los pies sobre la mesa y la derriba al suelo junto con el niño. Luego de su travesura, inmediatamente el perro sale corriendo y desaparece de la escena. Cuando el padre escucha el ruido, inmediatamente se voltea, ve la mesa derrumbada y al pequeño hijo en el suelo junto a la mesa. En ese momento la cámara que está grabando toma la escena desde el piso donde se encuentra el niño. Luego se escucha la voz de un narrador que pregunta: ¿Desde cuándo no ves el mundo desde acá abajo?

Luego de haber leído las meditaciones contenidas en el presente libro, vino a mi mente el anuncio comercial que acabo de describir. Al igual que la exhortación del comercial de televisión, estas meditaciones nos invitan a mirar desde una óptica diferente el evento más significativo y trascendente de toda la humanidad; la pasión, crucifixión y resurrección de Jesús. Edwin con su narrativa fluida, muy bien articulada y elocuente, nos invita a reflexionar profundamente sobre algunas de las escenas del drama del Calvario y la resurrección de Jesús en busca de esperanza para las dificultades de nuestro tiempo.

A través de estas páginas, Edwin nos invita a "meditar", una de las disciplinas espirituales básicas de la vida cristiana y quizás algo olvidada. El Dr. Roberto Amparo Rivera, en su libro, *Introducción a las Disciplinas Espirituales,* hablando sobre este tema y citando a San Ignacio de Loyola, señala que la meditación: "Produce un aprecio existencial de las causas, poderes y consecuencias del pecado y de la acción liberadora de la justicia, la misericordia y el amor de Dios. En consecuencia, lleva al arrepentimiento, a un involucramiento personal y total con Cristo, una reorientación completa de la vida salvada".

Meditar, entre otras cosas, requiere disciplina, dedicar tiempo y ser consistente, para sacar el mayor provecho de la experiencia. Implica hacer un alto en el ajetreo diario, es una invitación a separarnos un momento y aquietar nuestra mente y nuestro espíritu para unirnos a Dios, acercarnos mas a El y a sus propósitos. Debemos reflexionar en la experiencia de la cruz de Jesús, porque la Cruz es uno de los requisitos del discipulado cristiano, como Él mismo señaló: *"Y el que no carga su Cruz y me sigue, no puede ser mi discípulo" (Lucas 14:22 NVI).*

Escribo estas líneas el cuarto día de la cuarentena impuesta por el gobierno de Puerto Rico como medida cautelar para evitar el contagio del coronavirus, el cual ha sido declarado una pandemia. Llegan a mi mente los recuerdos de los daños causados por los huracanes Irma y María. A esto le sumamos los daños causados por los sismos que afectaron severamente el área suroeste de nuestra isla desde el mes de enero de este año.

Frente a la incertidumbre y el temor que todo esto produce, Edwin en una de sus meditaciones, nos señala que hay Alguien en quien podemos hallar esperanza: "Cuando sufrimos… buscamos un *"Alguien"* que nos abrace, consuele y levante. Y allí está Él, el Cristo de la Cruz; el Cristo Resucitado, porque cuando mis ojos están abrumados por el dolor no necesitan un facsímil razonable de esperanza, sino encontrase con la Esperanza misma". Con seguridad podemos acercarnos a la presente obra para experimentar que como señala su título, La Cruz de Cristo es sin duda, fuente de esperanza para la humanidad.

-Rvdo. Edwin C. Rivera Lanzó

Ministro Jubilado de las Iglesias Bautistas de Puerto Rico
18 de marzo de 2020, Carolina, PR

INTRODUCCIÓN

En la introducción a su libro: *Jesús… El Mejor Líder de la Historia*, el Dr. Lucas Leys se planteaba, por qué escribir otro libro acerca de Cristo. Y mientras desarrollaba la investigación y compartía en sus seminarios con su audiencia juvenil internacional, llegó a esta ponderación: *"Porque estoy deslumbrado con Jesús. Soy cristiano en un sentido bíblico, es decir, he nacido en Cristo y Cristo es mi Señor. Así que mientras vivo en él estoy comprometido a vivir por él, y este libro es solo otra expresión externa de una convicción interna"*.

Yo estoy, igualmente comprometido. Por eso quiero escribir de Cristo, de este crucificado y su Cruz[1]. ¿Cómo permitir que caiga en el olvido la más maravillosa historia de todas? Para mí la historia de la Cruz es la oda de amor de Dios jamás escrita por la humanidad.

Ellen G. White dijo: *"El sacrificio de Cristo como castigo para el pecado es la gran verdad sobre la cual todas las demás verdades se sostienen. Para apreciar cada verdad bíblica, desde Génesis hasta Apocalipsis, debe ser estudiada a la luz de la Cruz del Calvario"*.

---

[1] La palabra *Cruz* aparecerá siempre con su letra inicial en mayúscula como un elemento intencional para resaltar su importancia y valor para estas meditaciones.

La Cruz, por ser parte de nuestra historia occidental hace 2000 años, sobre todo en el contexto de América, pasa desapercibida. Ya no nos sorprende. Para mí es impresionante cómo el símbolo más infame, reflejo de la imposición del poder por la fuerza de la opresión romana, de la muerte más tortuosa e indigna que cualquier ser humano pudiese experimentar, ya en el segundo siglo era conocida como el símbolo que distinguía a los creyentes en Cristo. El amor venció sobre el odio. La Cruz lo cambió todo.

La Cruz vino a ser símbolo del amor de Dios y del cumplimiento de su Palabra. De la misma manera que el arcoíris se convirtió en símbolo del amor de Dios para preservar la vida humana de la destrucción por agua; así mismo la Cruz se convirtió en símbolo de gracia y el amor de Dios.

Estas breves meditaciones que tiene en su mano son producto de una disciplina autoimpuesta de utilizar el período de cuaresma como una oportunidad de prepararnos para nuestra experiencia de predicación de Semana Santa. Es un espacio personal de renovar nuestro entendimiento sobre las dimensiones del amor del Cristo Crucificado, pero también Resucitado. Y aunque cada vez, los intentos por borrar la Cruz de nuestro calendario, adulterar, corromper y oscurecer su verdadero signifi-cado son más insistentes, ella se levanta triunfante como un símbolo de resistencia y del verdadero amor derramado por la humanidad.

Hoy, no es que no podamos apreciar la Semana Mayor, pues el ser humano fue diseñado para necesitar y apreciar lo trascendente… fue creado para la Eternidad, aunque habita en la temporalidad. El problema no es que seamos menos solemnes, es que hemos perdido la profundidad que da a la vida humana la espiritualidad Judeocristiana.

Por la falta de esa espiritualidad hemos perdido la capacidad de profundizar y apreciar la vida del espíritu, que es tan importante para nuestra salud mental, física y espiritual. La presente situación de salud mental hinca sus raíces en la falta de la vida del espíritu que es capaz de sanar a la gente.

Se trabaja más y se descansa menos, consumidos por un materialismo que exalta la posesión a ultranza, el *tener* para entonces *ser*, desdeñando el compartir, el amar y el ocio noble que restaura la mente y el espíritu. Nuestro pueblo se llena de vacaciones banales y de placer sin reflexión. ¡Cuánta falta nos hace volver a la Cruz!

El mensaje de la Cruz le da significado a nuestra existencia. Le pertenecemos a Dios porque Cristo murió en la Cruz. El mensaje de la Cruz no es muerte; es vida. El mensaje de la Cruz no es tristeza; es alegría. El mensaje de la Cruz es paz, esperanza y felicidad. El mensaje de la Cruz es victoria y vida. El mensaje de la Cruz es el cumplimiento de la fidelidad de Dios, quien con ternura cuida de nosotros en Jesucristo.

Por eso la Cruz es para mí… Esperanza para la Humanidad.

30 *Jesús hizo muchas otras señales milagrosas en presencia de sus discípulos, las cuales no están registradas en este libro.*

31 *Pero estas se han escrito para que ustedes crean que Jesús es el Cristo, el Hijo de Dios, y para que al creer en su nombre tengan vida.*

Juan 20:30-31 (NVI)

MEDITACIÓN 1
700 AÑOS ANTES

² Creció en su presencia como vástago tierno,
como raíz de tierra seca.
No había en él belleza ni majestad alguna;
su aspecto no era atractivo
y nada en su apariencia lo hacía deseable.
³ Despreciado y rechazado por los hombres,
varón de dolores, hecho para el sufrimiento.
Todos evitaban mirarlo;
fue despreciado, y no lo estimamos.

Isaías 52:2-3 (NVI)

El pasaje de la escritura que acaba de leer es un escrito profético que nos cuenta lo que fue la muerte de nuestro Señor y Salvador Jesucristo. Lo fascinante de Isaías es que se escribe ¡700 años antes de que acontezca dicho evento! El profeta Isaías vivió entre los años 739 – 680 (a.C.)

No es que alguien haya visto la crucifixión y posterior-mente analice lo acontecido para plasmarlo en estos impactantes versos, sino que de manera anticipada haya redactado la mejor narrativa de lo sucedido. Más adelante, los Evangelios nos constatarán los hechos en el Nuevo Testamento.

¡Es tan sorprendente! Es como si yo le entregara a usted un documento que contuviese un hecho dispuesto a suceder más allá del año 2,700 de la presente era.

Pues así de asombroso es el amor de Dios en su anticipación. Que desde el jardín del Edén puso en marcha un plan para salvarnos de nuestros errores; de nuestros pecados, de nuestros delitos, soledades, dolores y maldad.

Jesucristo, es el Siervo sufriente del Señor, del cual Isaías señala que creció débil como una planta en tierra árida. Sin hermosura, sin atractivo; es el prototipo de aquellos hombres y mujeres a quienes vino a salvar. ¡Qué bueno es saber que, aunque nosotros no le miramos, ni le deseamos, que escondimos de Él nuestro rostro, su mirada está puesta en nosotros con amor! Con tan grande amor, que fue a la Cruz, *"para que todo aquel que en Él cree, no se pierda, sino que tenga vida eterna"* (Juan 3:16 NVI).

CREO QUE SE NOS OLVIDA

*⁴ Ciertamente él cargó con nuestras enfermedades
y soportó nuestros dolores,
pero nosotros lo consideramos herido,
golpeado por Dios, y humillado.
⁵ Él fue traspasado por nuestras rebeliones,
y molido por nuestras iniquidades;
sobre él recayó el castigo, precio de nuestra paz,
y gracias a sus heridas fuimos sanados.*

Isaías 53:4-5 (NVI)

Ninguno de nosotros puede permanecer inmóvil, inalterado ante el drama de la Cruz ya más. Hace más de una década atrás fuimos estremecidos con el lanzamiento de la película, *The Passion*, una reinterpretación de la pasión y muerte de Cristo a los ojos del actor y director de Hollywood, Mel Gibson.

Creo que muchos de nosotros olvidamos la brutalidad de la Cruz. Creo que olvidamos que el madero era el lugar donde se enviaban a morir los deshonrados e infames de Israel. Creo que olvidamos, que los romanos, verdugos y especialistas en muertes, prepararon en la crucifixión un proceso mortuorio tortuoso para humillar a sus víctimas.

Creo que se nos olvida que Jesús al llegar a la Cruz estaba en un estado grave o crítico antes de la crucifixión, pues la noche antes fue golpeado y azotado repetidas veces con un látigo romano (de tres puntas recubiertas con pedazos de hueso o metal) que desgarró los músculos esqueletales, y preparó las condiciones para un colapso circulatorio. Creo que se nos olvida que en su cabeza le insertaron una corona de espinas, para golpearlo con mazos sobre ella, escupirlo y aturdirlo.

Creo que se nos olvida que fue desnudado para exhibir su cuerpo sufriente y mancillar su dignidad. Creo que se nos olvida que sufrió cinco heridas importantes, de las cuales tres fueron de los clavos usados para fijarlo a la Cruz. Restos hallados de los crucificados en la antigua Palestina, nos permiten saber que esos clavos eran de 12 a 17 centímetros de largo y de un centímetro de grosor.

Creo que se nos olvida que era el Hijo de Dios, quien estaba muriendo en el madero por amor a usted y por amor a mí.

MEDITACIÓN 3

¿POR QUE CRISTO TENÍA QUE MORIR?

22 Pero ahora Dios, a fin de presentarlos santos,
intachables e irreprochables delante de él,
los ha reconciliado en el cuerpo mortal de Cristo
mediante su muerte,
23 con tal de que se mantengan firmes en la fe,
bien cimentados y estables,
sin abandonar la esperanza que ofrece el evangelio.
Este es el evangelio que ustedes oyeron
y que ha sido proclamado en toda la creación
debajo del cielo,
y del que yo, Pablo, he llegado a ser servidor.

Colosenses 1:22-23 (NVI)

La pregunta clave que da razón de ser a la celebración que une a millones de cristianos en todo el mundo el Viernes Santo es: ¿Por qué Cristo tenía que morir? Si no profundizamos en esta realidad no podremos entender las consecuencias eternas del amor radical de Dios por la humanidad.

En la Cruz Jesús recibió el castigo que a nosotros nos correspondía. En la cruz fue tratado como un adicto, como un mentiroso, como un infiel, como un pornógrafo, como un asesino, como un corrupto, como un ladrón, como un adicto al sexo, como un mal padre, como una mala madre… y la lista podría continuar. El asunto, es, que esto lo hizo para que usted y yo pudiésemos ser acercados a Dios.

Dios removió nuestro pecado y lo cargó sobre Cristo. En la Cruz Cristo nos redimió de nuestros pecados. No es que nos absolvió de él, o que ya no seamos culpable del mismo. Sino que ahora, los méritos de Jesucristo el Justo, en virtud de su muerte en la Cruz, han sido extendidos a nosotros. En pro de sacarnos de esa vida de pecados y maldad que nos aleja de Dios, Él puso la vida de su Hijo.

El Apóstol Pablo le dice a la Iglesia de Corinto: *"les transmití a ustedes lo que yo mismo recibí: que Cristo murió por nuestros pecados según las Escrituras, que fue sepultado, que resucitó al tercer día según las Escrituras"* (1 Corintios 15: 3-4 NVI).

Esto es lo primero que destaca Pablo en la apertura de su apología excelsa de la resurrección de Cristo, fue su amor por esta humanidad, (me gusta más decir, fue su amor por usted y por mí), lo que lo llevó a la Cruz.

MEDITACIÓN 4
¡NO OLVIDES LA CRUZ!

⁶ Todos andábamos perdidos, como ovejas;
cada uno seguía su propio camino,
pero el SEÑOR hizo recaer sobre él
la iniquidad de todos nosotros.
⁷ Maltratado y humillado,
ni siquiera abrió su boca;
como cordero, fue llevado al matadero;
como oveja, enmudeció ante su trasquilador;
y ni siquiera abrió su boca.

Isaías 53:6-7 (NVI)

Hacer las cosas durante años, rutinariamente, nos pone en el grave peligro de olvidar porque hacemos las mismas. Creo que esto es lo que sucede a matrimonios que señalan *haber perdido el amor*, a compromisos que empeñaron y luego dejaron de honrar. Lo que le sucede a empresas y ministerios, que luego de ser grandes y exitosos, fallan porque pierden de perspectiva la visión por la cual se originaron.

Por eso, como creyentes en Cristo, no podemos olvidar el valor, el precio… las implicaciones de la Cruz para con nuestras vidas. Si me preguntasen, creo que hay tres razones fundamentales por las que la Cruz, nunca debe dejar de ser parte de nuestro horizonte de vida.

Primero, porque hoy no vivimos en el mundo que Dios soñó para nosotros.

Segundo, porque tampoco somos los seres que Dios soñó que fuésemos al crearnos, sino que,

Tercero, vivimos en el mundo y somos los seres que el PECADO ha hecho posible.

No hace falta nada más que mirar a nuestro alrededor para darnos cuenta de que éste, no pudo haber sido el mundo que el Padre deseaba para sus hijos, sino que es una versión maleada por el pecado.

Por esto, Cristo tenía que morir para restablecer el mundo y la relación con los seres que EL había creado. El pecado nos aleja irremediablemente de Dios. El estatus de vida en el que habita quien vive en él, plantea una barrera infranqueable para acercarnos a Dios.

Cuando utilizo las palabras *IRREMEDIABLE* o *INFRANQUEABLE* acentúo que no hay ningún esfuerzo humano que usted y yo podamos hacer para superar esta condición. Por eso, Dios tomó una determinación eterna y unilateral, ofrecer la vida de Su Hijo Amado, para hacer posible nuestro rescate.

MEDITACIÓN 5

DEL DOLOR
A LA ESPERANZA

[11] Después de su sufrimiento,
verá la luz y quedará satisfecho;
por su conocimiento
mi siervo justo justificará a muchos,
y cargará con las iniquidades de ellos.
[12] Por lo tanto, le daré un puesto entre los grandes,
y repartirá el botín con los fuertes,
porque derramó su vida hasta la muerte,
y fue contado entre los transgresores.
Cargó con el pecado de muchos,
e intercedió por los pecadores.

Isaías 53:11-12 (NVI)

Jesús nunca escribió un libro, estableció una oficina, o blandió una espada. Nunca caminó más de 100 millas de su aldea natal. Nunca ganó el favor de los poderosos o influyentes. Nunca reclamó una victoria política. Nunca levantó una revuelta contra el gobierno en Roma. Con todo, dos mil años después de su muerte, líderes en casi cada fe del mundo – judíos, musulmanes, cristianos, hindúes, agnósticos – convienen en que nunca predicó una palabra de odio para ganar influencia con sus seguidores.

No hizo nada por lo cual sus seguidores hoy deban estar avergonzados. Era reservado, pero firme. Utilizó la palabra hablada para diseminar un mensaje revolucionario que se iniciaría en una boda campestre de una ciudad pequeña del Oriente Medio hasta las alturas de los poderosos en Roma, Europa Occidental, África, los Estados Unidos modernos y que cambiaría el mundo entero.

La Cruz nos enseña la belleza de la sencillez, la belleza del amor transformador de Dios. La Cruz nos muestra el lugar donde comenzó una nueva forma de vida, un nuevo pacto para la humanidad, un nuevo día donde podemos ser: renovados, perdonados, liberados. La Cruz nos muestra que, del dolor del Hijo, salió para cada persona una nueva Esperanza de vida; acérquese hoy, para usted también puede llegar ese día.

KÉNOSIS: SE DESPOJÓ A SÍ MISMO

---

*5 La actitud de ustedes debe ser como la de Cristo
Jesús,
6 quien, siendo por naturaleza Dios,
no consideró el ser igual a Dios como algo a qué
aferrarse.
7 Por el contrario, se rebajó voluntariamente,*

Filipenses 2:5-7ª (NVI)

La historia de todas las religiones del mundo podría resumirse en decir que son: el cúmulo del esfuerzo del ser humano tratando de acercarse a lo trascendente y a la divinidad. Desde los mitos griegos, donde Prometeo busca robar el fuego del cielo para darle vida a los hombres. De los mitos babilónicos y los Zigurats, torres para acercarse al cielo. La adoración pagana canaanita, y los sacrificios rituales humanos... todos son esfuerzos de los hombres en orden de alcanzar lo divino.

Es solo en las páginas de la Biblia que desde el Génesis hasta el Apocalipsis se nos cuenta la historia de un Dios que busca apasionadamente tener una relación de intimidad con el ser humano, corona de su creación. Solo en la historia bíblica este Dios se da a sí mismo, se vacía, se despoja de su Gloria eternal en la vida del Hijo. ¡Hasta se muere de amor por su creación! La narrativa bíblica va en sentido contrario; Jesús no es un hombre que quiso hacerse Dios, es el Dios que quiso hacerse hombre. Así lo describe la Dra. Deborah Taylor de la Universidad de Biola: *"lo que estamos observando es el milagro de que el Señor Dios mismo, se hace condescendiente a tomar la forma de un simple mortal, para que los simples mortales puedan ser como Dios. Estamos viendo el plan redentor de la Trinidad venir a fruición"*.

Kénosis, es la doctrina cristiana que señala que Jesús asumió voluntariamente la naturaleza humana de una manera perfecta, sin pecado. Que sujetó sus atributos divinos en orden de que se cumpliese el plan Redentor de Dios. El que siendo por naturaleza Dios, lava los pies a sus discípulos, llora por su amigo muerto, siente compasión por los hambrientos, viene como un niño frágil en un pesebre y muere como un malhechor en la Cruz.

El apóstol Pablo le dice a la iglesia de la comunidad de Filipos que Jesús, Dios Todopoderoso en la carne, se despojó a sí mismo, se rebajó voluntariamente, según la Nueva Versión Internacional (NVI) y renunció a esa igualdad, tal como afirma la Traducción de Lenguaje Actual (TLA) para encarnarse.

La palabra que se utiliza en el Filipenses 2:7 se "despojó" (κενόω) tiene profundas implicaciones teológicas. La palabra se traduce como: *Despojar, privar, hacer sin valor, hacer inútil, privar de valor.* Cristo Jesús en el acto de encarnarse y de sujetarse al plan de Dios, nos muestra una clase de amor que va más allá de los límites humanos. La Cruz es el clímax de esa clase de amor; amor que se despoja, que se desviste, que se priva, que se desvalora, que se hace inútil, improductivo, infructuoso, estéril, para que surja una nueva clase de relación, una nueva clase de humanidad, una rescatada, redimida, perdonada, justificada… salva.

TOMÓ FORMA DE SIERVO

…tomando la naturaleza de siervo
y haciéndose semejante a los seres humanos.
⁸ Y, al manifestarse como hombre,
se humilló a sí mismo
y se hizo obediente hasta la muerte,
¡y muerte de Cruz!

Filipenses 2:7b-8 (NVI)

El Apóstol Pablo nos sorprende con la descripción que hace de Jesús en este pasaje. Aún siendo el Hijo de Dios, el Primogénito de la creación, el Soberano de los Reyes de la tierra, para quien todo existe y por quien todo existe, el Verbo de Dios Encarnado… decidió renunciar a su realeza y a toda su pleitesía para nacer en esta tierra.

Tomó la forma de un siervo. La palabra en el original griego es "doulos" (δοῦλος) esto es, esclavo, humillándose a sí mismo; para morir de la forma más trágica e infame en la que un judío del primer siglo pudiese morir, mancillado y torturado en una Cruz.

Esta es la razón por la cual Dios lo exaltó hasta lo sumo y por la cual le dio un nombre que está por encima de todos. La Cruz le ganó a Cristo el título de ser Señor (κύριος), *"uno que domina sobre todo lo que es suyo"*. Es un señorío majestuoso, pero un señorío de gracia.

La Cruz, un lugar de dolor, fue tornado para nosotros, en un lugar de misericordia, de oportunidad; en perdón, en salvación y redención. Todo esto, logrado por el Campeón de Amor, ante el cual, algún día, toda rodilla se doblará y toda lengua confesará que Jesucristo es el Señor.

MEDITACIÓN 8

¿QUÉ SOSTUVO A JESÚS EN LA CRUZ?

¹ Por tanto, también nosotros,
que estamos rodeados de una multitud tan grande de
testigos, despojémonos del lastre que nos estorba,
en especial del pecado que nos asedia, y corramos
con perseverancia la carrera que tenemos por delante.
² Fijemos la mirada en Jesús,
el iniciador y perfeccionador de nuestra fe,
quien, por el gozo que le esperaba,
soportó la Cruz, menospreciando la vergüenza
que ella significaba, y ahora está sentado
a la derecha del trono de Dios.

Hebreos 12:1-2 (NVI)

Siempre me he preguntado: ¿Qué sostuvo a Jesús para llegar a la Cruz? La Biblia nos muestra que esta fue una elección de amor. Él, sencillamente, no tenía que morir. En el Getsemaní, sudando grandes gotas de sangre, en un diálogo desgarrador le rogó a su Padre, a su *AßßA* (la expresión que utiliza un judío para hablarle cariñosamente a su progenitor) diciendo: *"si es posible, no me hagas beber este trago amargo. Pero no sea lo que yo quiero, sino lo que quieres tú"* (Mateo 26:39 NVI).

No sé si usted se imagina el drama de la persona de Dios ante el Calvario. Padre, Hijo y Espíritu Santo en agonía de parto por salvar la humanidad.

¿Gozo para afrontar la Cruz? Así lo describe el escritor de Hebreos, *"por el gozo puesto delante de él, soportó la Cruz, menospreciando la vergüenza que ella significaba, y ahora está sentado a la derecha del trono de Dios"* (Hebreos 12:2 NVI).

Sí sabemos de la tragedia que implicaba sufrir la Cruz, pero ¿de dónde viene el gozo? De aquello en que estaba puesta su mirada. Su visión estaba en lo eterno, en lo sobrenatural. Me arriesgaría decir que su mirada estaba fija en la Esperanza que abriría su muerte para la humanidad. En todo aquello que, desde ese día, podríamos disfrutar nosotros sus hijos. Satanás y sus demonios derrotados, la salvación preciosa de nuestras almas, el nuevo pacto en su sangre, la herencia de los santos, una tierra nueva y un cielo nuevo, una humanidad redimida para disfrutar con Él por la eternidad. *"El gozo puesto delante de él"* fue morir, por amarnos.

¡PERDÓNALOS, PORQUE NO SABEN LO QUE HACEN!

34 —Padre —dijo Jesús—, perdónalos, porque no saben lo que hacen.
Mientras tanto, echaban suertes para repartirse entre sí la ropa de Jesús.

Lucas 23:34 (NVI)

Los redactores de los evangelios dejaron para testimonio de la humanidad algunas de las últimas palabras que Jesús pronunció desde la Cruz. Desde el Medioevo nos acompaña la tradición cristiana del sermón de las Siete Palabras del Viernes Santo o también conocido como el sermón de las tres horas, donde se busca ubicar la reflexión de 12 del mediodía a 3 de la tarde, hora tradicionalmente atestiguada de la crucifixión de Cristo.

"Padre, perdónalos porque no saben lo que hacen" es la primera palabra que Jesús pronuncia en la Cruz. Y para mi es significativo que esta sea la primera palabra de sus últimas siete expresiones vertidas en el Calvario.

El cuadro ante Jesús debió ser macabro, dantesco, bizarro, quebrantador y muy angustioso. Imagine que miraba desde la Cruz a los soldados romanos, a sus verdugos, repartiéndose sus despojos y apostando entre ellos para conservar su túnica (Juan 19:23-24). Fue crucificado entre dos malhechores y todavía desde la Cruz, uno de ellos se burlaba y le injuriaba (Mateo 27:44). Los pastores de Israel, los líderes religiosos de su pueblo le rechazaron, proferían injurias, y le acusaban de blasfemo (Mateo 27:41-43). La muchedumbre desceraba su dignidad, le injuriaban y blasfemaban su nombre (Mateo 27:39-40). Y finalmente, sus discípulos, le habían abandonado; solo su madre, algunas mujeres y Juan, habían quedado (Juan 19:26-27).

En aquella Cruz fue puesto sobre Él, el castigo del pecado de la humanidad. Todo el peso de la iniquidad manifiesta en el pasado, en el presente, pero también del futuro de la raza humana, estaba colgando sobre Cristo en aquel madero. Y, aun así, lo primero que salió de su boca fue una oración de perdón y misericordia para aquellos que le ofendían.

Aún en su agonía, la preocupación de Jesús era el perdón de aquellos que se consideraban entre sus enemigos. Él le pidió al Padre que perdonara a los ladrones en la Cruz que se burlaban de Él. Pidió al Padre que perdonara a los soldados romanos que se habían burlado de Él, que le escupieran, le dieran una paliza, le sacaran la barba, le azotaran, le pusieran una corona de espinas en la cabeza y le clavaran en la cruz. Jesús pidió perdón por la muchedumbre enfurecida que se había burlado de Él y pidió Su crucifixión (Marcos 15:29-30).

¡Usted y yo también estábamos allí! Nuestro pecado, nuestra maldad, nuestra rebeldía… también fue perdonada aquel día. De hecho, esta era la razón principal por la que fue clavado en aquella cruz. La Biblia afirma que Jesús se hizo maldito por expiar nuestro pecado. *"Cristo nos rescató de la maldición de la ley al hacerse maldición por nosotros, pues está escrito: «Maldito todo el que es colgado de un madero"* (Gálatas 3:13 NVI). La Cruz es la suprema expresión de perdón y misericordia de Dios ante la maldad del ser humano.

HOY ESTARÁS CONMIGO, EN EL PARAÍSO

*43 —Te aseguro que hoy estarás conmigo en el
paraíso —le contestó Jesús.*

Lucas 23:43

Algunos han llamado al hombre que recibió estas palabras en el Calvario, como *"el buen ladrón"*. La narrativa bíblica afirma que dos malhechores fueron sentenciados el mismo día que Jesús, recibiendo también la muerte del mismo modo. Uno de ellos injuriaba al Señor increpándole que, si verdaderamente era el Cristo, se salvara así mismo y que también hiciera algo por ellos. A lo que el buen ladrón responde con tres frases interesantes; primero, reprende al malvado señalándole como impío, que ni aun en el estado de muerte reconoce a Dios. Segundo, reconoce sus maldades atribuyendo a sus crímenes la crucifixión y destaca la inocencia de Cristo; y tercero, hace una petición extraordinaria a Jesús, que se acordara de él cuándo viniera en su Reino.

Este ladrón ha hecho en sus expresiones dos confesiones singulares, ha reconocido a Cristo como Dios y le ha rogado que le salve y que le lleve al Paraíso. Sin lugar a duda, este hombre descarriado había escuchado acerca de la esperanza de la salvación que vendría mediante el Mesías. Irónicamente, lo que los líderes religiosos y guías espirituales de Israel no pudieron reconocer, este ladrón lo confiesa en un madero. Lo vio sin belleza, molido, quebrantado por el peso del pecado de toda la humanidad y, aun así, vio al Cordero de Dios capaz de quitar el pecado del mundo, y de quitar también su pecado. La mirada de Jesús y estar cerca de Él le hizo saber que había, aún tras la muerte, una nueva esperanza.

La respuesta de Jesús fue contundente: *"Te aseguro que hoy estarás conmigo en el paraíso"* (Lucas 23:43 NVI). Algunos con una osada imaginación han llegado a decir que el buen ladrón, en la Cruz *"se robó el cielo"*. A mí me gusta pensar, que fue Jesús, quién le extendió la más grande oportunidad de redención. Sin discipulado, catecismo, bautismo, membresía eclesiástica, confesión denominacional o credo religioso, este hombre se abrazó a la fe. Puso su confianza en Cristo, le rogó que le salvara de la muerte y que le diera un lugar en el paraíso. Mas que un buen ladrón, yo diría que el *"malhechor arrepentido"* es prototipo de todos los hombres y mujeres que morarán con Cristo en la eternidad y en el Paraíso prometido, por ser capaces de reconocer su maldad, arrepentirse de sus pecados y confesar a Cristo como Dios y Señor.

¿POR QUÉ ME HAS ABANDONADO?

⁴⁶ Como a las tres de la tarde, Jesús gritó con fuerza:
—Elí, Elí, ¿lama sabactani?
(que significa: "Dios mío, Dios mío, ¿por qué me
has desamparado?").

Mateo 27:46 (NVI)

Este grito desgarrador de Jesús desde la Cruz nos presenta el cuadro más completo de su humanidad. Éste, el Cristo, el Hijo de Dios Encarnado grita desde la Cruz, porque su dolor es tan estremecedor, que ha sentido que su Padre le ha abandonado.

Cuando sufrimos, la Cruz nos recuerda que Cristo estuvo en nuestro lugar; que caminó en nuestros zapatos. Que encarnó un cuerpo verdaderamente humano.

Por la doctrina de la 'Encarnación' de Cristo, es que soy cristiano, y no budista, mahometano, agnóstico o ateo. Cuando sufro, la respuesta de Dios no es una oración, un 'chant' (una frase rítmica repetitiva para inducir un estado mental de meditación) para adormecer mi conciencia anestesiando el dolor. Cuando sufro, no le oro a un Dios indolente que ignora la condición en la que me encuentro. Cuando sufro, sé que tengo una esperanza más alta que sólo desintegrarme en la nada cuando mi muerte arribe.

Cuando sufro, la Cruz me recuerda que mi Salvador fue aturdido por el dolor. Que cargó sobre Él toda la soledad de los olvidados de la tierra. Que todo aquel que se siente solo, desvalorado o abandonado, no ha sido olvidado por mi Dios. ¡Precisamente, por ellos fue a la Cruz! Por ellos enfrentó la soledad, el mal y el dolor de todo el cosmos sostenido en un madero.

Cuando sufrimos, no buscamos un *"algo"* que llene nuestro dolor, porque todo lo material pasa; buscamos un *"Alguien"* que nos abrace, consuele y levante. Y allí está Él, el Cristo de la Cruz; el Cristo Resucitado, para cuando mis ojos, abrumados por el dolor no necesitan un facsímil razonable de esperanza, sino encontrase con la Esperanza misma.

MEDITACIÓN 12
ORACIÓN + CRUZ

[16] Dios mío, Dios mío,
¿por qué me has abandonado?
Lejos estás para salvarme,
lejos de mis palabras de lamento.
[16] Como perros de presa, me han rodeado;
me ha cercado una banda de malvados;
me han traspasado[a] las manos y los pies.
[17] Puedo contar todos mis huesos;
con satisfacción perversa
la gente se detiene a mirarme.
[18] Se reparten entre ellos mis vestidos
y sobre mi ropa echan suertes.

Salmo 22:1;16-18 (NVI)

Jesús enfrentó la Cruz, su noche oscura del alma, enseñándonos el poder de la oración ante los desafíos de las tragedias humanas. Su grito desgarrador *"Dios mío, Dios mío, ¿Por qué me has desamparado?"* no es sólo la muestra de un Dios enteramente humano, sino uno que, ante el cuadro de la mayor adversidad, es capaz de enfrentarse a ella orando.

Y es que la oración, como nos enseñara el gran teólogo y escritor cristiano Phillip Yancey es, *"ver las cosas desde la perspectiva, desde el punto de vista de Dios"*. Jesús, desde la Cruz, nos enseña que la oración no es un medio para remover los elementos desconocidos e imprescindibles de la vida, sino más bien una manera de incluir lo desconocido e imprescindible en el resultado de la gracia de Dios en nuestras vidas. El objetivo de la oración no es hacer la vida más fácil, ni adquirir algún poder mágico, sino aferrarnos a Dios, pues en la adversidad, le necesitamos a Él, más que cualquier otra cosa que de Dios pudiésemos conseguir.

En la Cruz cuando Jesús clama al Padre, no está lanzando una expresión de queja sino está presentando su más elocuente oración. La cuarta palabra de la Cruz, como he citado en el epígrafe de esta meditación, es una antigua oración o un antiguo salmo del salterio hebraico escrito por David.

Una costumbre judía de enseñanza del primer siglo de los rabinos era la memorización en cadena. Los maestros de Israel enseñaban la Tanaj citando el primer versículo de un salmo o de un pasaje que sus discípulos debían conocer de memoria. Este ejercicio de asociación era útil para recordar múltiples versículos, incluso la porción entera.

Los rabinos, según el uso de la Mishná, no escribían todo el salmo para la liturgia cantada, solo el primer versículo. Así que Jesús pudo haber estado llamando la atención de su pueblo Israel a este salmo.

El Salmo 22 es un salmo mesiánico que habla del sufrimiento, del sacrificio y de la muerte de nuestro Redentor. El Salmo 22 es especialmente sorprendente, ya que predijo numerosos elementos independientes acerca de la crucifixión de Jesús, mil años antes que fuera crucificado. Las manos y los pies del Mesías serían "traspasados" (Salmo 22:16; Juan 20:25). Los huesos del Mesías no serían quebrados (comúnmente, las piernas de una persona eran quebradas después de ser crucificada, para agilizar su muerte) (Salmo 22:17; Juan 19:33). Los hombres echaron suerte para repartirse la ropa del Mesías (Salmo 22:18; Mateo 27:35). Y todo esto tal cual, ocurrió.

Cuando el rabino citaba el primer verso de un salmo, esperaba que su audiencia estuviese meditando y repasando la enseñanza de cada verso que previamente habían memorizado. Por eso, si se me permite, Jesús en su función sacerdotal, todavía en la Cruz está brindando su mejor y más poderosa clase; nos brindaba aun en medio del dolor, su última lección terrenal antes de su muerte y resurrección. Aún con el último aliento saliendo de él, continuaba orando para recordarles mediante este salmo que profetizaba las angustias del Mesías, que el drama de la salvación se develaba ante sus ojos.

¡Que poderosa oración ofrecida desde la Cruz!

¡CONSUMADO ES!

30 Al probar Jesús el vinagre, dijo:
—Todo se ha cumplido.
Luego inclinó la cabeza y entregó el espíritu.

Juan 19:30 (NVI)

La frase "Consumado es", es la traducción de la palabra griega "Tetelestai" (*τετέλεσται*). Esta es una de las siete palabras o expresiones que pronuncia Jesús en la Cruz. La misma tiene un rico contexto soteriológico acerca de aquella obra que Jesús realizaría en la Cruz del Calvario.

En el momento de seleccionar un cordero para el sacrificio en el Templo de Jerusalén, se buscaba el animal del rebaño más calificado para la tarea. Y cuando el sacerdote encontraba el cordero perfecto para el sacrificio gritaba: ¡Tetelestai! El trabajo se ha terminado. Cristo murió en la Cruz, como la oveja perfecta de Dios por nuestros pecados; como *"el Cordero de Dios que quita el pecado del mundo"*.

Cuando el siervo en el campo terminaba la tarea a la que su señor le asignaba, podía decir ¡Tetelestai! El trabajo que me fue encomendado ha sido hecho. Cristo, el Siervo Obediente de Dios ha terminado la obra que el Padre en la Cruz le había encomendado.

Los mercaderes, cuando se les saldaba una deuda, podían escribir en un pagaré a favor del cumplidor ¡Tetelestai! La deuda ha sido cancelada. Cristo en la Cruz del calvario canceló la deuda que teníamos con el pecado y con la muerte. Cuando un reo cumplía su condena podía gritar ¡Tetelestai! Se acabó la sentencia. Y Cristo en la Cruz terminó con la esclavitud del pecado en nuestras vidas.

Finalmente, cuando el gladiador finiquitaba la vida de alguien en la arena de combate gritaba ¡Tetelestai! Y esto fue lo que hizo Cristo, públicamente avergonzó al infierno *"despojando a los principados y potestades, triunfando sobre ellos en la Cruz"* (Colosenses 2:15 NVI), terminando con el dominio de maldad del enemigo sobre la humanidad.

¡Cristo en la Cruz del Calvario acabó la tarea de la salvación!

AGUA + SANGRE

33 Pero, cuando se acercaron a Jesús y vieron que ya estaba muerto, no le quebraron las piernas, 34 sino que uno de los soldados le abrió el costado con una lanza, y al instante le brotó sangre y agua.

Juan 19:33-34 (NVI)

Los romanos diseñaron en el proceso de crucifixión, la muerte más dolorosa e infame para cualquier sentenciado a ella. La palabra excruciante, que hoy describe un dolor insoportablemente intenso, proviene de tal tortura. Habían perfeccionado el proceso y sabían cómo acelerar la muerte, pero también como prolongarla, para causar el mayor sufrimiento al reo.

Quebrar las piernas de un crucificado rompiéndolas con 2 mazas apresuraba la muerte por asfixia que la Cruz provocaba. Pero en el caso de Jesús no fue necesario, porque cuando llegaron los soldados como describe la Escritura, el Maestro ya estaba muerto. El apóstol ve en esa circunstancia el cumplimiento de otro símbolo del Antiguo Testamento: había la norma de no quebrantar ningún hueso del cordero pascual (Números 9:12). Juan ve en Jesús al Cordero sacrificial de Dios que libra de la muerte a Su pueblo.

Cuando Cristo expiró, el centurión con su lanza abrió su costado y el testimonio bíblico señala que de su cuerpo muerto salió agua y sangre. Este es sin duda alguna no solamente un detalle físico, sino también un asunto donde muchos intérpretes han visto un mensaje para los que se acercan a la Cruz.

Físicamente, se ha sugerido que lo que realmente sucedió fue que las experiencias físicas y emocionales de Jesús fueron tan terribles que se le reventó el corazón. Cuando sucedió aquello, la sangre del corazón se mezcló con el líquido del pericardio que rodea el corazón; la lanza del soldado rompió el pericardio, y brotó la mezcla de sangre y agua. Tal vez podría sonar poético, pero piense en lo siguiente, ¿no fue su corazón desgarrado de amor lo que lo llevó a morir en la Cruz?

La iglesia ha visto precisamente aferrados a esa Cruz, dos elementos que dan testimonio de la misión de Cristo. Cuando pensamos en las dos más grandes ordenanzas dadas a los creyentes para memoria y honra de Jesús: tenemos que recordar el Bautismo y la Comunión. El agua del bautismo simboliza una vivencia testimonial de renovación, purificación y compromiso ante el mundo de ser un testigo fiel de Cristo. Y cada vez que tomamos la copa del nuevo pacto, la muerte del Señor anunciamos hasta que Él vuelva (1 Corintios 11:26).

Ciertamente el himnólogo Augustus Toplady tuvo razón cuando cantó:

Que el agua y la sangre,

Que fluyeron de tu costado abierto

Sean del pecado una doble cura,

Me limpian de su culpa y poder.

¡SE ABRIERON LAS TUMBAS!

*[52] Se abrieron los sepulcros,
y muchos santos que habían muerto resucitaron.
[53] Salieron de los sepulcros y,
después de la resurrección de Jesús,
entraron en la ciudad santa
y se aparecieron a muchos.*

Mateo 27:52- 53 (NVI)

El Evangelio según San Mateo nos cuenta esta interesante crónica. Cuando Cristo expiró en la Cruz, entregando su espíritu, el velo del templo se rasgó en dos de arriba abajo. Pero también, un hecho extraordinario, sobrenatural y trascendente entró en acción simultáneamente. Las tumbas se abrieron y muchos santos que habían muerto resucitaron. No solo esto, sino que salieron de los sepulcros y entrando en Jerusalén, aparecieron a muchos en la ciudad.

Esta es una de las estampas más fantásticas de las crónicas de la pasión. Las tumbas fueron abiertas por el poder de Dios. Fue una onda expansiva del poder sobrenatural divino que tocó la tierra… ¡La muerte no lo pudo detener!

La muerte de Cristo no fue la de un mártir más, ni tampoco la de un hombre bueno, un revolucionario, un profeta, un avatar, un enviado, sino que las Sagradas Escrituras afirman que Él es el Salvador de la humanidad, Dios manifestado en carne. Jesús descendió del cielo para entregar su vida a cambio de la nuestra.

Jesús dijo que vino a este mundo *"para que tuviésemos vida, y para que la tuviésemos en abundancia"* (Juan 10:10 NVI). El apóstol Juan dice que *"en él estaba la vida, y la vida era la luz de la humanidad"* (Juan 1:4 NVI). Jesús mismo afirmó:

"El que cree en el Hijo tiene vida eterna; pero el que rechaza al Hijo no sabrá lo que es esa vida, sino que permanecerá bajo el castigo de Dios" (Juan 3:36 NVI). Estas son las palabras del testimonio de Jesús: *"No se asombren de esto, porque viene la hora en que todos los que están en los sepulcros oirán su voz, [29] y saldrán de allí. Los que han hecho el bien resucitarán para tener vida, pero los que han practicado el mal resucitarán para ser juzgados"* (Juan 5:28-29 NVI).

Así como lo narra Mateo, estos creyentes experimentaron la primicia de la resurrección. Son un prototipo de lo que sucederá a nuestros cuerpos. Seremos levantados con un cuerpo resucitado cuando se dé la orden celestial. Cuando se rasgue el velo de la historia y aparezca el Fiel y Verdadero. ¡Esta es mi fe!

MEDITACIÓN 16

VERDADERAMENTE ESTE ERA EL HIJO DE DIOS

54 Cuando el centurión y los que con él estaban custodiando a Jesús vieron el terremoto y todo lo que había sucedido, quedaron aterrados y exclamaron:
—¡Verdaderamente este era el Hijo[1] de Dios!

Mateo 27:54

73

Los oficiales romanos que con más ahínco dejaron una marca en las narrativas neotestamentarias fueron los centuriones. Un centurión del ejército romano era un oficial probado en batalla, capaz de manejar de manera severa una centuria de hombres a su cargo, fuerte, entrenado para matar y con el talante de cumplir órdenes marciales. Los centuriones pudiésemos considerarles la columna vertebral del ejército romano.

La Biblia nos describe algunos de ellos de manera virtuosa. Destaca cómo algunos llegaron a ser generosos construyendo sinagogas y con ofrendas para los judíos (Lucas 7:4-5). Aún la crónica bíblica destaca su disciplina y autoridad. Conversó el Maestro con uno en la ciudad de Capernaum, quien le impresionó a causa de su fe y cómo comprendió el concepto de autoridad delegada por el Padre en el Hijo, haciendo una abstracción de su praxis en el ejército romano. "Si le digo a uno de mis hombres que venga o vaya y lo hace porque soy un hombre de autoridad y este soldado está bajo la mía, entonces, di la palabra Señor y mi siervo será sano" (paráfrasis personal del texto). Jesús respondió, *"les aseguro que no he encontrado en Israel a nadie que tenga tanta fe"* (Mateo 8:10b NVI).

Se destaca también Cornelio, varón piadoso, generoso y creyente, centurión de la compañía La

Italiana, quien recibe el bautismo del Espíritu Santo (Hechos 10:44). Julio, aquel que trató con humanidad a Pablo (Hechos 27:1). Pero sin lugar a duda, ninguno ha causado tanto impacto como éste, aquel que exclamó tras la muerte de Jesús: *"verdaderamente este era el Hijo de Dios"*.

En algunas tradiciones eclesiásticas y en historias de origen legendario y anecdótico, se sigue desde el Medioevo que aquel centurión que afirmó la divinidad de Jesús en el madero y que clavó la lanza en su costado, vino a ser salvo. Que murió como mártir de la Iglesia. Y que en las tradiciones de la iglesia Católica Romana, Ortodoxa y Armenia se le conoce como Longino de Cesarea.

Este centurión, sea o no ésta su identidad, para mí ejemplifica lo que pasa cuando el hombre, muerto en delitos y pecados, se encuentra con el Cristo de la Cruz. Nadie puede quedar impune al entender lo que significan esos dos pedazos de madera del Calvario.

Todavía la Cruz sigue siendo un lugar de encuentro y transformación. Entender el sacrificio de Cristo hace que hombres y mujeres de la peor crianza, endurecidos por los golpes de la vida, maleados por los peores vicios de nuestra sociedad, puedan ser transformados. Hay algo en el mensaje de la Cruz que no se encuentra en ningún otro lugar. El emérito historiador europeo W.E. Harpole Leckey en su clásico *History of European Morals* dijo: *"los relatos de los tres cortos años de Cristo sobre la faz de la tierra han hecho más por regenerar la condición del ser humano, que todos los tratados éticos, y morales de la historia europea".*

En la Cruz nace un universo nuevo de posibilidades, un prisma de esperanza cuando entendemos que quien puso Su vida en aquel madero, era verdaderamente el Hijo de Dios.

MEDITACIÓN 17
¡RESUCITÓ!

*³ Porque ante todo les transmití a ustedes
lo que yo mismo recibí:
que Cristo murió por nuestros pecados
según las Escrituras,
⁴ que fue sepultado, que resucitó al tercer día
según las Escrituras,
⁵ y que se apareció a Cefas, y luego a los doce.
⁶ Después se apareció a más de
quinientos hermanos a la vez,
la mayoría de los cuales vive todavía,
aunque algunos han muerto.
¹³ Si no hay resurrección,
entonces ni siquiera Cristo ha resucitado.
¹⁴ Y, si Cristo no ha resucitado,
nuestra predicación no sirve para nada,
como tampoco la fe de ustedes.*

1 Corintios 15:3-6; 13-14 (NVI)

Sin la Resurrección, no solamente el libro de los Hechos, sino toda la Biblia sería un documento desfigurado y carente de definición. ¡Imagínese los Evangelios sin la crónica de la Resurrección!

La Resurrección cambió de modo tan radical la vida de los seguidores de Jesús, que quedó grabada en sus tumbas y escrita en las paredes de sus catacumbas. Ésta es la única explicación plausible a lo que sucedió con la iglesia de Jesucristo en el primer siglo. Los apóstoles, que huyeron dejando a Jesús solo y regresaron a la Galilea con la esperanza de volver a las redes, en la narrativa lucana de los Hechos de los Apóstoles, desafían las autoridades señalando que era *"menester obedecer a Dios antes que a los hombres"* (Hechos 5:29 NVI).

Pedro, pidió ser crucificado cabeza abajo, según destaca la tradición, para no ofender la memoria de su Señor en su muerte, a quien en vida negó. Santiago fue decapitado. Andrés fue crucificado, Mateo fue asesinado a espada, Felipe fue ahorcado y Marcos fue arrestado por las calles de Alejandría. Pablo fue decapitado en Roma. Tomás fue martirizado en India y atravesado por una lanza. Esteban fue públicamente lapidado dando testimonio de Cristo. Jacobo fue muerto a filo de espada, por solo mencionar algunos.

El empeño de la predicación de las 'Buenas Nuevas' (ευαγγέλιο) no era seguir un ideal y vivir dando lo mejor de sí, sino la buena noticia del Evangelio y de la esperanza del Cristo Resucitado. Usted no puede sacar esto del cristianismo sin destruir o alterar su identidad misma.

Para el apóstol Pablo no hay terrenos medios, si Cristo no resucitó de los muertos, vana es nuestra fe. Por eso, como afirma un viejo himno de la tradición cristiana:

"Porque Él vive, triunfaré mañana

Porque Él vive, ya no hay temor.

Porque yo sé que el futuro es suyo

La vida vale más y más, solo por Él".

MEDITACIÓN 18

¡CUÁN PRECIOSA ES SU SANGRE!

[19] Porque a Dios le agradó habitar en él
con toda su plenitud
[20]y, por medio de él,
reconciliar consigo todas las cosas,
tanto las que están en la tierra
como las que están en el cielo,
haciendo la paz mediante la sangre
que derramó en la Cruz.

Colosenses 1:19-20 (NVI)

En la Biblia 'Sangre y Cordero' son dos palabras poderosas y están ligadas de manera salvífica. No hay manera de comprender la obra de la salvación completada por Cristo en la Cruz a menos que usted entienda lo que nos ha legado su sangre derramada en el madero.

¡Cuán preciosa es la sangre de Jesús!

Usted ha sido limpio de sus pecados por su preciosa sangre.

Usted ha sido salvo por la eternidad por su preciosa sangre.

Usted fue arrancado de las garras de Satanás y del infierno por su preciosa sangre.

Usted ha sido justificado delante de Dios Padre por su preciosa sangre.

Usted ha sido santificado y regenerado sólo por la operación de su preciosa sangre.

Y sólo uno podía realizarlo, Jesucristo el Justo, el Cordero de Dios que quita el pecado del mundo. El redactor de la carta de Hebreos nos presenta cómo Cristo en su papel de Sacerdote y Sacrificio excelso lo hizo posible. Si en la antigüedad con la sangre de un cordero se remitía temporeramente de forma externa de la condición de pecado, cuanto más entonces de manera definitiva la sangre del Cordero nos limpia para que pasemos de muerte a vida y vivamos para Dios.

> *[12] entró una sola vez y para siempre en el Lugar Santísimo. No lo hizo con sangre de machos cabríos y becerros, sino con su propia sangre, logrando así un rescate eterno. [13] La sangre de machos cabríos y de toros, y las cenizas de una novilla rociadas sobre personas impuras, las santifican de modo que quedan limpias por fuera. [14] Si esto es así, ¡cuánto más la sangre de Cristo, quien por medio del Espíritu eterno se ofreció sin mancha a Dios, purificará nuestra conciencia de las obras que conducen a la muerte, a fin de que sirvamos al Dios viviente!*

Hebreos 9:12-14 (NVI)

MEDITACIÓN 19
Como inmolado

³ Pero ni en el cielo ni en la tierra, ni debajo de la tierra, hubo nadie capaz de abrirlo ni de examinar su contenido. ⁴ Y lloraba yo mucho porque no se había encontrado a nadie que fuera digno de abrir el rollo ni de examinar su contenido. ⁵ Uno de los ancianos me dijo: «¡Deja de llorar, que ya el León de la tribu de Judá, la Raíz de David, ha vencido! Él sí puede abrir el rollo y sus siete sellos».

⁶ Entonces vi, en medio de los cuatro seres vivientes y del trono y los ancianos, a un Cordero que estaba de pie y parecía haber sido sacrificado. Tenía siete cuernos y siete ojos, que son los siete espíritus de Dios enviados por toda la tierra.

Apocalipsis 5:3-6 NVI

La visión celestial apocalíptica presenta al Cordero de Dios de una manera majestuosa. El vidente de Patmos ha subido tras una puerta abierta en el cielo en visión celestial y ahora puede contemplar el trono de Dios. Allí puede constatar con sus propios ojos la gloria del Cordero de Dios, que ya no solo como anunció Juan el Bautista, *"quita el pecado del mundo"*, ahora tras la Cruz, es el paladín de la victoria de Dios.

La Cristología reinante en el libro de la Revelación es exuberante y superlativa. En ninguno de los textos en que se describe a nuestro Señor Jesucristo ya resucitado se presenta de forma debilitada, suplicante, decaído, sufriente, vulnerable, frágil o desfallecido. Por el contrario, la descripción solo nos muestra una realidad que el Apóstol Juan quiere resaltar en su relato: ¡Cristo es el Vencedor por la Eternidad!

Solo en este mismo capítulo 5, verso 5, se nos ha dicho que Él es: *"el León de la tribu de Juda, la raíz de David, que ha vencido"*. Juan llora entristecido porque al parecer nadie puede abrir el rollo que contiene una clave para el desenvolvimiento, para el telos ($\tau\acute{\epsilon}\lambda o\varsigma$), de la historia de la redención. Un anciano sublime le informa a Juan que ya no había más motivo de llanto, pues había uno capaz de hacerlo. Había en pie, en medio del trono, un Cordero *"como inmolado"* según reza la versión Reina Valera del 60, quien fue hallado Digno.

Me fascina esta descripción, *"como inmolado";* la Nueva Versión Internacional colocada en el epígrafe señala con mayor precisión lo que el redactor implica: *"parecía haber sido sacrificado".*

Lo que el Apóstol vio fue un Cordero con las marcas de la muerte sacrificial. Uno que tenía que haber muerto vaciando su sangre en sacrificio expiatorio. ¡Que lenguaje tan sugestivo! El simbolismo apocalíptico apunta al Cristo Resucitado, con las huellas de su sacrificio en la Cruz, pero ya no agoniza. Esas marcas son las que le hacen digno de ocupar el centro de la primacía divina. Ese Cristo enteramente humano y enteramente Dios, exhi-biendo las huellas y el precio que pagó en la Cruz como los galones del soldado condecorado, o como huellas del combate, que ya no duelen, sangran o avergüenzan, sino que son la muestra de nuestra redención. Son precisamente la razón de porque hoy está en el trono:

⁹ Por eso Dios lo exaltó hasta lo sumo y le otorgó
el nombre que está sobre todo nombre,
¹⁰ para que ante el nombre de Jesús
se doble toda rodilla en el cielo y
en la tierra y debajo de la tierra,
¹¹ y toda lengua confiese que
Jesucristo es el Señor,
para gloria de Dios Padre.

Filipenses 2:9-11 (NVI)

¿QUIERE HALLAR LA RESPUESTA?

²⁵ *Así que los otros discípulos le dijeron:*
—¡Hemos visto al Señor!
—Mientras no vea yo la marca de
los clavos en sus manos,
y meta mi dedo en las marcas
y mi mano en su costado,
no lo creeré —repuso Tomás.

Juan 20:25 (NVI)

La crónica del capítulo 20 de Juan nos señala que Jesús se aparece a los discípulos y les dice: *"¡La paz sea con ustedes! Reciban el Espíritu Santo"* (vv.21-22 NVI). Y Tomás no estaba allí. ¿Dónde estaba Tomás?

Tal vez pensando, ¿Cómo vamos a encontrar el camino para volver a Jesús? Tal vez estaba figurando, ¿qué era lo próximo que los discípulos debían hacer?

Aun cuando le cuentan sobre la aparición de Jesús, estas son sus palabras: *"Mientras no vea yo la marca de los clavos en sus manos, y meta mi dedo en las marcas y mi mano en su costado, no lo creeré"* (Juan 20:25 NVI).

En la universidad yo estuve en los zapatos de Tomás. En 1997 casi colgué los guantes de la predicación y de mi llamado al ministerio bombardeado por preguntas sobre mi fe y el testimonio, en ocasiones negativo de la iglesia. Me encontré que amaba apasionadamente a la figura de Jesús, pero con demasiadas dudas intelectuales para afirmar ciertas cosas que antes había creído.

Mi acercamiento a Cristo y la conversión de mi intelecto se dio en la facultad de Humanidades, en el departamento de Filosofía. No por la predicación de mis pastores y evangelistas, sino con la dureza del ateísmo de mis profesores y compañeros de clase.

¡Oh Gloria a Dios!, pero como a Tomás, Cristo se me apreció y me permitió saciar dudas y preguntas en las heridas de su amor.

26 Una semana más tarde estaban los discípulos de nuevo en la casa, y Tomás estaba con ellos. Aunque las puertas estaban cerradas, Jesús entró y, poniéndose en medio de ellos, los saludó.

—¡La paz sea con ustedes!

27 Luego le dijo a Tomás:

—Pon tu dedo aquí y mira mis manos. Acerca tu mano y métela en mi costado. Y no seas incrédulo, sino hombre de fe.

Para Jesús, el problema nunca han sido las interrogantes. El problema no es tener preguntas. La pregunta es: ¿Quiere hallar la respuesta? Blaise Pascal dijo: *"Dios ha dado suficiente luz para quien de todo corazón le busca y suficientes tinieblas para quien no quiera encontrarle".*

Cristo se le apareció a Tomás en medio de sus tormentas intelectuales y de fe. Puedes llegar al Maestro con tus inquietudes. Tomás al chocarse de frente y de bruces con el Cristo Resucitado tuvo que tomar una decisión:

[28]—¡Señor mío y Dios mío! —exclamó Tomás (Juan 20:26-28 NVI).

Tomás tomó una decisión que marcó su vida por siempre. La Escritura no nos dice nada más acerca de él, pero la historia nos afirma que aquella decisión le llevó a morir como mártir en India por este Evangelio. Hoy el Cristo crucificado y resucitado espera que usted venga a Él para que descubra en la Cruz, la Esperanza para su vida.

CIELO NUEVO Y TIERRA NUEVA

Después vi un cielo nuevo y una tierra nueva,
porque el primer cielo y la primera tierra
habían dejado de existir, lo mismo que el mar.
² Vi además la ciudad santa,
la nueva Jerusalén, que bajaba del cielo,
procedente de Dios, preparada como una novia
hermosamente vestida para su prometido.

Apocalipsis 21:1-2 (NVI)

Solo la muerte expiatoria y salvífica de Cristo en la Cruz del Calvario nos garantiza una eternidad donde todas las cosas pueden ser restauradas y hechas nuevas. Hace algunos años, recibí de un pastor y gran amigo[2], la siguiente carta:

> *Mañana visitaremos a un joven de quien fui pastor seis años atrás y está siendo atacado con un cáncer voraz en 95 % de su cuerpo. Voy a sentarme a su lado con la Cruz en mis ojos, oraremos, haremos silencio, hablaremos, lloraremos, nos abrazaremos, cantaremos de la esperanza que el Señor crucificado-resucitado brinda a nuestra vida… Sí, el resucitado fue el crucificado. Y mi amigo pronto lo verá cara a cara.*

> *Estamos aprendiendo a esperar de diferentes maneras; a descansar en diferentes lugares; a vivir esperanzados en diferentes horizontes. Esperamos, descansamos y nos movemos matizados por la esperanza pascual. Si el Dios de la vida nos resucita junto a su Hijo, cuánto*

---

[2] Agradecido a Dios por la vida de mi gran amigo el Dr. Jules Martínez. Dios me hizo un regalo invaluable cuando en la Universidad de Puerto Rico, recinto de Rio Piedras, cruzó nuestros caminos.

más podrá ordenar nuestros pasos. Hoy lo atesoro más que ayer, buscando mi satisfacción en la gracia de su fuerza.

Paz!

¿Qué usted le va a decir a ese muchacho para que viva con esperanza?

–¡Sé positivo!

–¡Atrae la salud con tu mente!

-¡No pienses en eso, no te pongas triste!

-No te preocupes, te desintegrarás de cualquier modo cuando mueras.

¿No sería mejor escuchar, la Esperanza Gloriosa de la Salvación y Resurrección que hay en Cristo Jesús Señor Nuestro?

Por eso, como iglesia de Cristo, conmemoramos su muerte, pero también su Resurrección; y como el Apóstol Juan vivimos esperanzados en que un día experimentaremos esta realidad:

3 Y oí una gran voz del cielo que decía: He aquí el tabernáculo de Dios con los hombres, y él morará con ellos; y ellos serán su pueblo, y Dios mismo estará con ellos como su Dios.

4 Enjugará Dios toda lágrima de los ojos de ellos; y ya no habrá muerte, ni habrá más llanto, ni clamor, ni dolor; porque las primeras cosas pasaron.

5 Y el que estaba sentado en el trono dijo: He aquí, yo hago nuevas todas las cosas. Y me dijo: Escribe; porque estas palabras son fieles y verdaderas.

(Apocalipsis 21:3-5 NVI)

CONCLUSIÓN

La Semana Santa o Semana Mayor nos permite a nosotros como cristianos volver a caminar sobre los últimos días de nuestro Señor Jesucristo sobre la faz de la tierra. ¡Días trascendentales! Días que cambiaron la historia de la humanidad para siempre. Días que dividieron históricamente el devenir de occidente en ANTES y DESPUÉS de Cristo.

La última semana de la vida de Jesús es reseñada en los cuatro evangelios. Dicha colección de relatos del Nuevo Testamento está colocada justo en el centro mismo de las Sagradas Escrituras. Esto inequívocamente es un mensaje. La vida y obra de Jesús de Nazaret es el centro de la revelación misma. El Dr. Mario Seiglie dijo: *"Los cuatro evangelios constituyen una de las obras literarias más importantes en la historia de la humanidad: se refieren a la vida de Jesucristo, Dios en la carne"*.

Los evangelios no están narrados como nos interesa contar la historia en occidente: cronológicamente o con el rigor de las ciencias históricas. Los evangelios son documentos históricos, pero con un matiz distinto. Hay que mirarlos con otros ojos para poder comprenderlos adecuadamente.

Los evangelistas realizan una *teología histórica* ó una teología de su historia. Los evangelistas no escriben por deporte, como parte de una industria periodística, investigativa o de entretenimiento. Ellos escribieron por una razón principal: plasmar la vida de Jesús y sus enseñanzas, porque estaban convencidos de algo... este es el Hijo de Dios, el Mesías de Dios enviado y el Salvador del mundo manifestado.

Este recorrido devocional de las estampas de la pasión, muerte y resurrección de nuestro Señor y Salvador Jesucristo han estado vistas desde la Cruz. Desde aquellos dos pedazos de madera que son coprotagonistas de la historia de la salvación.

He querido con usted subirme al madero, contar su historia, mirar nuestra doctrina de la salvación en compañía de Cristo desde el mismo Calvario. Para mí una tarea impostergable cada vez que su pueblo celebra la Semana Pascual. Permita el Señor que cada vez que medite en cada una de sus reflexiones pueda sentir el llamado de Cristo a seguirle; a cargar su Cruz, pero también a recibir su Gracia, su Misericordia y su Amor Incomparable.

La historia de la Cruz se escribió con sangre, la sangre preciosa de un Cordero perfecto, sin mancha, inmolado por nuestros pecados, pero resucitado con poder para ser hoy, Señor de todos y en todo. Como vimos en la meditación titulada *"Como inmolado"*, la visión del vidente de Patmos nos regala una estampa del Cordero de Dios *"que quita el pecado del mundo"*, del Señor de la Cruz, con la que me gustaría dejarle. La misma nos presenta a un Cordero triunfante, con las huellas de su sacrificio, pero ya no agonizante, sino exaltado hasta lo sumo, porque mediante su muerte en la Cruz, nos mostró la verdadera vida, nos regaló la vida eterna:

[5] Uno de los ancianos me dijo: «¡Deja de llorar, que ya el León de la tribu de Judá, la Raíz de David, ha vencido! Él sí puede abrir el rollo y sus siete sellos».

[6] Entonces vi, en medio de los cuatro seres vivientes y del trono y los ancianos, a un Cordero que estaba de pie y parecía haber sido sacrificado. Tenía siete cuernos y siete ojos, que son los siete espíritus de Dios enviados por toda la tierra. [7] Se acercó y recibió el rollo de la mano derecha del que estaba sentado en el trono. [8] Cuando lo tomó, los cuatro seres vivientes y los veinticuatro ancianos se postraron delante del Cordero. Cada uno tenía un arpa y copas de oro llenas de incienso, que son las oraciones del pueblo de Dios. [9] Y entonaban este nuevo cántico:

«Digno eres de recibir el rollo escrito
y de romper sus sellos,
porque fuiste sacrificado,
y con tu sangre compraste para Dios
gente de toda raza, lengua, pueblo y nación.
[10] De ellos hiciste un reino;
los hiciste sacerdotes al servicio de nuestro Dios,
y reinarán sobre la tierra».

Apocalipsis 5:5-10 NVI

¡Majestuosa! Así es la adoración que recibe ese Cordero Reinante, Resucitado, Triunfante… Un día, gracias a aquella Cruz, usted y yo nos uniremos a ese canto sublime que en los cielos se la da al Cordero. ¡A Él Sea Toda la Gloria y la Honra por los Siglos de los Siglos! Amén.

EPÍLOGO

¡YO CREO EN TI!

Yo creo en Ti
No llegamos aquí
para dar marcha atrás
Aun con algunas heridas
de este caminar.

La sombra del camino
cargada está
Del que se echó al enebro,
que más bien, continuar.

De cara al sol seguiremos
sin desmayar
Pues la fe se palpa
en el solar y caminar.

Hoy con mi Cruz y su gracia
he de continuar
En pos del Maestro
que sé, me sostendrá.

Y esto es así,
ya no hay vuelta atrás
ni cambio de hoja.
No vine aquí,
para volver atrás
o arrepentirme.
Y hoy creo en Ti
más que en mis ojos
y columna vertebral.

Pues descubrí,
bajo tu Cruz un universo nuevo
Y halle allí,
para mí un nuevo corazón.

Y hoy creo en Ti
más que un niño
en su cuaderno de pintar

¡Yo creo en ti!

MODELOS DEVOCIONALES
DE LECTURA

ANEJO 1:
MODELO DEVOCIONAL DE LECTURA

Puede utilizar este modelo de lectura como un diario devocional para Semana Santa.

Domingo de Ramos
Prólogo
Introducción
Meditación 1:   700 años antes
Meditación 2:   Creo que se nos olvida

Lunes Santo
Meditación 3:   ¿Por qué Cristo tenía que morir?
Meditación 4:   ¡No olvides la Cruz!
Meditación 5:   Del dolor a la esperanza

Martes Santo:

Meditación 6:	Kénosis: Se despojó a si mismo
Meditación 7:	Tomó forma de siervo
Meditación 8:	¿Qué sostuvo a Jesús en la Cruz?

Miércoles Santo

Meditación 9:	Perdónalos, porque no saben lo que hacen.
Meditación 10:	Hoy estarás conmigo en el paraíso
Meditación 11:	¿Por qué me has abandonado?

Jueves Santo

Meditación 12:	Oración y Cruz
Meditación 13:	¡Consumado es!
Meditación 14:	Agua y Sangre

Viernes Santo

Meditación 15:	¡Se abrieron las tumbas!
Meditación 16:	Verdaderamente este era el Hijo de Dios
Meditación 17:	¡Resucitó!

Sábado de Gloria

Meditación 18:   ¡Cuán Preciosa es Su Sangre!
Meditación 19:   Como inmolado
Meditación 20:   ¿Quiere hallar la respuesta?

Domingo de Resurrección

Meditación 21:   Cielo nuevo y tierra nueva
                  Conclusión
                  Epílogo: ¡Yo Creo en Ti!

ANEJO 2:
MODELO DEVOCIONAL DE LECTURA
PARA AYUNO DE DANIEL O DE 21 DÍAS

Puede utilizar este modelo de lectura como un diario devocional para el Ayuno de Daniel o de 21 días.

Día 1:   700 años antes

Día 2:   Creo que se nos olvida

Día 3:   ¿Por qué Cristo tenía que morir?

Día 4:   ¡No olvides la Cruz!

Día 5:   Del dolor a la esperanza

Día 6:   Kénosis: Se despojó a si mismo

Día 7:   Tomó forma de siervo

Día 8:   ¿Qué sostuvo a Jesús en la Cruz?

Día 9:   Perdónalos, porque no saben
                lo que hacen

Día 10:   Hoy estarás conmigo en el paraíso

Día 11:   ¿Por qué me has abandonado?

Día 12:   Oración y Cruz

Día 13:   ¡Consumado es!

Día 14:   Agua y Sangre

Día 15:   ¡Se abrieron las tumbas!

Día 16:   Verdaderamente este era el Hijo de Dios

Día 17:   ¡Resucitó!

Día 18:   ¡Cuán Preciosa es Su Sangre!

Día 19:   Como inmolado

Día 20:   ¿Quiere hallar la respuesta?

Día 21:   Cielo nuevo y tierra nueva

BIBLIOGRAFÍA

Carter, Joe & Coleman, John. How to Argue like Jesus. http://arguelikejesus.com/book.html .

Dam, Julio. La verdad sobre "Dios mío, Dios mío, ¿Por qué me has abandonado? (Mateo 27:46; Marcos 15:34) http://institutumjudaicum.weebly.com/la-verdad-sobre-dios-miacuteo-dios-miacuteo-iquestpor-queacute-me-has-abandonado.html

Geisler, Norman & Brooks, Ron. Apologética. Editorial Unilit. Miami: USA. 1995

Hole, F.B. Sangre y Agua: ¿Qué testifican? http://www.graciayverdad.net/id83.html

Köhler, Erton. Nuestra esperanza. Asociación Casa Editora Sudamericana. Florida: USA. 2019.

Leys, Lucas. El Mejor Líder de la Historia. Editorial Vida. Miami: USA. 2010.

Porque Jesús dijo: Padre perdónalos porque no saben lo que hacen.
https://nuestrodios.com/padre-perdonalos-porque-no-saben-lo-que-hacen/

Rijo Tellería, Carlos. ¿Agua y Sangre del Costado de Jesús?
https://www.elkerusso.org/2011/08/agua-y-sangre-del-costado-de-jesus.html

Rivera Madera, Pablo J. Manantial de Esperanza. Trafford Publishing. USA. 2014.

Seiglie, Mario. Introducción al trasfondo histórico de los evangelios. http://espanol.ucg.org/la-biblia/introduccion-al-trasfondo-historico-de-los-evangelios.

Tuggy, A. E. Lexico griego-español del Nuevo Testamento. El Paso, TX: USA. Editorial Mundo Hispano. 2003.

Vila Samuel & Escuain, Santiago, Nuevo diccionario bíblico ilustrado. Barcelona: CLIE.1985.

Taylor, Deborah. Christmas: The Birth of Christ.
http://ccca.biola.edu/advent/2020/#day-dec-20

Yancey, Phillip. La oración ¿Hace alguna diferencia?
Editorial Vida. Miami: USA. 2007.

Made in the USA
Monee, IL
20 March 2021